Inhalt

# Open air 178

S. 3
**open air 178: Das kleinste Poesiefestival der Welt**
/
S. 11
**BIANCA BOER**
/
S. 21
**JÜRGEN BRÔCAN**
/
S. 31
**TSEAD BRUINJA**
/
S. 43
**BELA CHEKURISHVILI**
/
S. 53
**GISELA HEMAU**
/
S. 61
**KLÁRA HŮRKOVÁ**
/

/

S. 69
**SIBYLLE KLEFINGHAUS**
/
S. 77
**BARBARA MARIA KLOOS**
/
S. 85
**HEIDI KOREN**
/
S. 93
**IVETTE VIVIEN KUNKEL**
/
S. 101
**ARNOLD MAXWILL**
/
S. 109
**JUTTA RICHTER**
/
S. 117
**SABINE SCHIFFNER**
/
S. 127
**TZVETA SOFRONIEVA**
/
S. 137
**RALF THENIOR**

## open air 178
### Das kleinste Poesiefestival der Welt

Ein Landsitz im Sommer ist erstrebenswert. Das wusste schon der römische Dichter Vergil zweihundert Jahre vor Christi Geburt. Ich bin in einer Gärtnerei in Hamburg-Niendorf aufgewachsen. Die erste Wildpflanze, die mein Vater mir zeigte, war das Hirtentäschelkraut. Die Torfberge und das Ohemoor wurden meine Jagdgründe. Im Ohemoor gab es Sonnentau und Birkenpilze. Das Rieseln der Birkensamen machte ein beruhigendes Geräusch in der Stille des Nachmittags. Auf den Wasserspiegeln der Tümpel flitzten Wasserläufer umher. Clematis wurde eine meiner Lieblingspflanzen und der Jasminduft, der bei leichtem Landregen durch das offene Fenster in mein Zimmer wehte, war das Wundervollste, was es gab. Ich wäre Gärtner geworden, wenn mich nicht eine andere Botanik in den Bann geschlagen hätte. Als ich fünfzehn Jahre alt war, bekam ich eine Freikarte für das Hamburger Schauspielhaus. Gespielt wurde *Unter dem Milchwald* von Dylan Thomas mit dem jungen Heinz Reincke als Erzähler. Ich trat aus dem Theater und der Himmel war höher, die Sterne strahlender und die Luft schmeckte nach Milch. Nun wusste ich es genau. Ich wollte Dichter werden.

Im Herbst 1996 war ich Stadtschreiber von Plovdiv am Fuße der Rhodopen und kam mit der osteuropäischen Datschenkultur in Berührung. Kollegen, die noch ärmere Hunde waren als ich, luden mich in ihre Weinlaube ein. Und ich war glücklich am Nachmittag im Schatten einer Weinlaube mit neuen Bekannten und Freunden zu sitzen, zu reden und zu trinken. Und ich trank, ich musste trinken, denn ich war auch traurig, weil ich keine eigene Weinlaube besaß, in die ich Freundinnen und Freunde einladen konnte, um mit ihnen zu sprechen und zu zechen. Als ich zurück nach Dortmund kam, begann ich die Augen offen zu halten, ein Sommersitz sollte es werden. Mit Weinlaube, versteht sich. Doch alles, was in

Frage gekommen wäre, war entweder zu weit weg oder zu teuer, meistens beides. Ein letztes angehmes Gärtchen mit kleinem Wohnhaus darauf, das mir ins Auge stach, fand ich in einer Kleingartensiedlung in Tribsees in Mecklenburg-Vorpommern. Direkt am Ufer der Trebel gelegen, einem lebhaften, kleinen Flüsschen, das es sich hinaufzupaddeln lohnt. Im Garten stand eine Kinderrutsche aus rotem Plastik, die mich an mein Enkelkind erinnerte. 30.000 Euro wollte der Besitzer für die Parzelle haben, mit allem Drum und Dran. Doch so verlockend und verführerisch die Vorstellung im Augenblick auch war, wer fährt schon gern fünf Stunden, mit Stau sieben, um zu seinem Sommerhaus zu gelangen? Da bist du groggy, wenn du ankommst. Oder du musst den ganzen Sommer dort verbringen, mit der Familie.

Als ich fünfundsechzig wurde, wuchs das Bedürfnis nach einem Landsitz drängend an. Ich wollte mein drittes Leben im Sommer auf einem eigenen Fleckchen Erde verbringen. Immer wenn ich mit dem Fahrrad an den Kanal fuhr oder zu Fuß in den Fredenbaumpark ging, wählte ich den Weg durch die Kleingartenanlage „Hafenwiese". Ich mochte den Namen. Hafenwiese. Er enthält Fernweh und Heimweh in einem. Das gefiel mir. Doch wie das Nächste dem in vielen Bezügen tätigen, gut funktionierenden Ich manchmal unendlich fern scheint, so dachte ich nicht an die Hafenwiese als möglichen Sommersitz. Dann, es war Spätherbst, traf ich einen Nachbarn und erzählte ihm von meiner Suche. Oh, sagte er, bei uns gegenüber ist gerade etwas frei geworden. Er zeichnete mir einen Lageplan und ich schwang mich aufs Fahrrad. Als ich den Garten sah, war ich hin und weg. Hafenwiese Nr. 178 und Große Freiheit Nr. 7, das ging zusammen. Das hatte einen guten Klang.

Ich liebe die Poesie. Gedichte sind mir ein Lebenselixier. Ich brauche sie oder sagen wir besser: ich kann nicht von ihnen lassen. Ich bin süchtig, Gerade neulich las ich, dass man sämtliche Gedichte von Alvaro de Campos für drei Euro fünfundneunzig kriegen konnte. Ich zögerte keine Sekunde, meine Bestellung aufzugeben. Ein Spottpreis, und eine

Schande, einem großen Dichter so etwas anzutun. Doch es ist, wie es ist. Und das ist kein Grund zu Schwermut. Lyrik, Poesie, Gedichte sind immer ein Minderheitenprogramm gewesen. Dessenungeachtet ist die Lyrik nicht nur in unserem Lande äußerst lebendig. U.a. dank Print on Demand, ein Verfahren, das es möglich macht, kleine und kleinste Auflagen zu kalkulieren.

Wie ticken Menschen, die sich auf ein schier aussichtloses Unternehmen einlassen und dennoch Feuer und Flamme sind? Kein Zweifel, die Leidenschaft für das geschriebene, komponierte Wort, für das Gedicht geht durch alle Altersgruppen, und angesichts dieser Gemeinsamkeit, spielen die Jahre keine Rolle. Jüngst bekam ich Gedichte von zwei über 80jährigen Dichterinnen zu lesen. Eine tiefe Freude erfüllte mich. Es hört nicht auf, es geht immer weiter, manchmal wuchert es wild, manchmal ist es in einem Garten gezähmt.

Mein zehnjähriges Gartenjubiläum wäre mit meinem fünfjährigen Jubiläum des kleinsten Poesiefestivals der Welt zusammengefallen, nämlich im Jahr 2020, fiel mir heute beim Umgraben ein. Angefangen hatte es mit der Vorstellung der literarischen Vereinigung *Offenes Feld*. Die Gruppe um Jürgen Brôcan besteht aus Literaten, Poeten zumeist, und Dokumentarfilmern. Beklemmend eindrucksvolle Dokumentation der polizeilichen Zerschlagung eines Roma-Lagers in Duisburg in den sechziger Jahren des letzten Jahrhunderts. Jürgen Brôcan ist der Verleger und Herausgeber der Buchreihe *edition offenes feld*, über vierzig Buchtitel sind inzwischen on demand verfügbar, und der Literaturzeitschrift *offenes feld*, gleichzeitig ist er einer der namhaftesten Dichter seiner Generation.

Als nächstes meine „Dutch Night" mit Lies van Gasse (Antwerpen), Saskia Stehouwer (Amsterdam), Tsead Bruinja (Amsterdam) und Ralf Werner am E-Cello. Und dann die dritte Poesieveranstaltung, eine ganz nette, wie ich finde, Peter Spafford (Leeds) meets Ralf Thenior (Dort-

mund), es kam nur ein Besucher und wir saßen in meinem Garten-
häuschen und sprachen und tranken Bier.

Das vierte kleinste Poesiefestival der Welt war dann ein Kracher. Der
leider schnell hätte zum feuchten Piepmantje werden können, denn ein
Sturzregen platzte in die beginnende Lesung. Dank der freundlichen
Wirtin des Vereinsheims konnten wir umziehen. Die lesenden Dichter und
Dichterinnen in alphabetischer Reihenfolge: Jürgen Brôcan, Bela
Chekurischvili, Sibylle Klefinghaus, Ivette Vivien Kunkel, Arnold Max-
will, Sabine Schiffner sowie der Musiker und Komponist Ralf Werner am
E-Cello. Aber, und das bemerkte eine kluge Beobachterin aus meiner
Schreibwerkstatt später, es war im Vereinsheim anders, nicht so wie im
Garten. Im Vereinsheim nahmen die Gäste wieder die Rolle des Publi-
kums an. Im Garten war alles durchmischt und jeder sprach mit jedem.

Der Grundgedanke des kleinsten Poesiefestivals der Welt ist es, Men-
schen zusammenzuführen, die der Leidenschaft frönen, frische Gedichte
zu hören, Wein zu trinken und sich wieder daran zu erinnern, dass die
Poesie über viertausend Jahre alt ist und immer noch quicklebendig. Der
Roman hingegen mit kaum ein paar Jahrhunderten auf dem Buckel hat,
wie wie einige Beobachter der Szene sagen, seinen Zenith längst
überschritten. Doch ist dies das Thema einer anderen Baustelle. Wir blei-
ben bei open air 178. Der Coronavirus ist weltweit unterwegs. (Achtung:
Krone nicht Herz!). Von einer Pandemie ist die Rede. Nach einem landes-
weiten Shut-down, um den Virus an der Ausbreitung zu hindern, kommt
nun eine langsame Lockerung in Gang. Man darf wieder einkaufen gehen,
aber nur mit Mundschutz oder Maske, wie man sagt. Und auch sonst: man
kann sich unter Einhaltung der vorgeschriebenen Hygieneregeln wieder
treffen. Doch ich persönlich, qua Alter und körperlicher Beschaffenheit
der Hochrisikogruppe zugehörig, meide Menschenansammlungen, aus
Vorsicht einer zweiten Welle in die Arme zu laufen. Und um dies meinen
Freundinnen und Freunden der Poesie nicht zuzumuten, habe ich mich

entschlossen, die große Feier auf das nächste Jahr zu verlegen. Dann hätten wir dieses Jahr 5, im nächsten Jahre wären es 6, macht zusammen 11 Jahre, die dann angemessen gefeiert werden wollen. Jedenfalls nach der Logik der Hamburger Fischmarkthändler.

So ein Poesiefestival, wie klein es auch immer sein mag, erfordert doch einiges an Vorbereitung. Am Allerwichtigsten ist es natürlich, einen Termin festzulegen und die Dichterinnen und Dichter einzuladen. Und zwar möglichst frühzeitig, denn Poeten sind fahrendes Volk und viel und weitläufig unterwegs. Bier muss her, und Wein. Gestühl, und ein Regendach, um die Intimität des Grupengeschehens nicht durch einen vom Regen verordneten Marsch ins Vereinsheim zu unterbrechen. Fast möchte man es bedauern, dass in diesem Jahr nicht einmal der Marsch ins Vereinsheim möglich sein wird. Den diesjährigen Termin verdanke ich übrigens der Rotterdamer Dichterin Bianca Boer, die einen Tag vor dem 18. Juli ihren Geburtstag feiert, was ermöglicht hätte, einen Tag später ein Gläschen mit ihr darauf zu trinken.

Doch, um dem geneigten Publikum, und allen Poesieliebhaberinnen und -liebhabern der Welt, diese einmalige Mischung poetischer Stimmen nicht gänzlich vorzuenthalten, dachte ich daran, Gedichte des nicht stattfindenden kleinsten Poesiefestival weltweit in der Zeitschrift *offenes feld* vorzustellen, der ich schon seit einigen Jahren als Dichter, Übersetzer und Entdecker fremder Dichtungen verbunden bin. „Wir machen ein Sonderheft", sagte der Verleger. Wir entschlossen uns, von jeder Dichterin, von jedem Dichter fünf Gedichte zu bringen, mit kleiner Biografie und Foto. Mails gingen hin und her. Langsam wurde der Ordner dicker.

Im Verlaufe dieses Vorbereitungsgeschehens erwähnte ich in einem Gespräch mit dem Düsseldorfer Verleger Axel von Ernst das Festival in meinem Kleingarten. Daraufhin machte er mich auf die Kürbishüttenpoeten von Königsberg aufmerksam, die sich in einem kleinen Garten an einem Flüsschen trafen, um sich neue Gedichte und Schriften zur Dichtung vorzulesen und gemeinsam zu essen und zu trinken.

An dieser Stelle würde ich gern wissen: was tranken sie, wo kauften sie es und was kostete es im Vergleich zu Brot und Wurst. Simon Dach gehört zum Kanon, von den anderen hatte ich bisher nichts gehört. Doch sogar Martin Opitz kam aus Schlesien angereist, um an einem oder mehreren dieser Treffen teilzunehmen und vielleicht aus seinem Buch von der deutschen Poetery zu lesen und zu dozieren.

Mir gefällt der Gedanke, dass die Kürbishüttenpoeten Gemüse anbauten für gute Suppen und Salate mit Käse und Brot zum sofortigen Verzehr. Junger, frischer Brennnesselsalat. Brot, Speck und Obstler. Saure Gurken, selbst eingelegt. Räucherfisch. Süßkirschen. Und dazwischen Gedichte und Reden darüber.

Ich fragte Jürgen Brôcan, ob er Lust hätte ein Kürbishüttengedicht beizusteuern und kurz darauf zeigte er mir eine Rohfassung, die mich schon im ersten Angang überzeugte. Einige Zeit später, in einer Vollmondnacht, hatte ich einen *pompoen* (nl. Kürbis) im Kopf, der unbedingt rausmusste. Bei einem weiteren Redaktionsgespräch mit Kaffee und vielen aufregenden Abschweifungen, entschlossen wir uns, jede Teilnehmerin, jeden Teilnehmer um ein Kürbisgedicht zu bitten. Einige ließen sich darauf ein, andere hatten keine Zeit oder konnten nicht auf Aufforderung schreiben. Wir entschlossen uns, das jeweilige Kürbisgedicht an den Schluss zu setzen, ans Ende der fünf Gedichte der Selbstauswahl. So bietet dieses Heft nicht nur einen vielstimmigen Chor der Gegenwartslyrik sondern zeigt auch, zum erfreuten Erstaunen, auf welch verschiedene Weisen man einen Kürbis ins Gedicht bekommen kann.

Mit Dank an die Dichterinnen und Dichter für Gedichte, Kurzbiografien und Fotos, mit Dank an das Literaturhaus Dortmund, für Förderung und Unterstützung des kleinsten Poesiefestivals der Welt und der vorliegenden virtuellen Gestalt, in der wir die von uns eingeladenen Stimmen der

Gegenwartspoesie zu Gehör bringen können. Und mit Dank auch an Jürgen Brôcan, der keine Sekunde zögerte und mit Geduld, Gespür und Know-how dieses Sonderheft ins Leben gebracht hat.

*Ralf Thenior, Dortmund, den 25.6.2020*

# BIANCA BOER

Aus dem Niederländischen von Ralf Thenior

## Was bleibt von mir

in allen Salbengläsern meiner Mutter
entstand in der Mitte ein Berg
in meinem ein Tal

solange ich noch kann sammele ich

in ihren Augen sind alle Vögel
Spatzen geworden
auf dem Dach steht eine Leiter bereit

**Es versteckt sich**

was ist ein Haus wenn ich dir entschwinde?

den Käsehobel finde ich im Kühlschrank
natürlich gießt du die Pflanzen
und Einkaufen machst du in deinem Kopf

trockene Erde
Listen

dies ist der angrenzende Teil
die Vorhänge schließen sich
für den langen Abschied

bald wohnst du nur noch in mir

**Du nimmst nicht ab**

Ich kann dich von hier sehen
weiß erschrocken
deine Hand griff vorbei

„Ja? Hallo? Ich war oben."
Erleichterung ist ein Nagetier
das auf meinen Schoß kriecht

Ich horche unsere Gespräche ab
auf Anzeichen einer Verschlechterung
diesmal bliebst du verschont

## Löcher

Ich strecke meine immer kalten Füße
unter deinen verschwundenen Tisch

das geht nicht länger so
alles darauf bricht in Stücke

Wollmäuse schwindelig
der Boden hat sich verschoben

inzwischen suche ich meine Hausschuhe
neben dem Abdruck des Tischbeins im Teppich

## Finger

Du bist Oma geworden
wie du die Finger aneinander reibst

ich erinnere mich gleiche Hände
jede Woche bei unserem Besuch

jetzt habe ich selbst eine Tochter
und wir tun fröhlich wenn wir dich sehen

das beruhigt uns alle
die Zeit sagt: „Gibt es noch Fragen?"

## Gesichter

Nun wo du deine Bekannten nicht mehr siehst
weil du vergessen hast das du sie besitzt
und sie nicht mehr wissen
was sie zu dir sagen sollen

ist die Erde winterklar

gute Freunde kamen zur Hintertür herein
jahrelang jeden Mittwoch
ist eine geschlossene Tür in deinem Kopf
nun wo du die Tage verlierst

ihre bloßen Füße auf der kalten Erde

zusammen mit deinen schiefen Zehen
die ich lieb habe so wie ich deinen alten
Körper lieb habe wie einen Kürbis
der runzelt der verschmachtet

der im Boden verschwinden wird

weißt du noch wie ihr
Kürbisse aushöhltet
aus der Schale Schreckgesichter schnitztet
Freude hattet an den Köpfen

Sturm bläst die Ernte um

nun wo du in der Zeit zurückgehst
kann es sein dass da alte Bekannte
in deinem Kopf aufs Neue zurückkehren
ein schwatzendes Feld voller Kalebassen

# JÜRGEN BRÔCAN

## die Kunst, sich rauszuhebeln

überrascht vom Beifall aus den Logen
im großherzoglichen Stadttheater,
viel lauter als die Stimme der Rezitatorin

seiner Gedichte, dankt er mit einem Nicken,
später dann mit einer Umarmung
im Garderobenzimmer, wo er sie abholt,

und verwechselt bei der großen Soirée,
noch vollkommen aus der Fassung,
gegen 12 Uhr die Balkontür mit einem Fenster,

schwebt also mit dem Kopf weit
draußen in der Oktoberluft und Nacht,
weil er, mit den Finten des Denkens vertraut,

gern auch die andere Seite besehen hätte,
ein bißchen von den Leuten entfernt
und vom Rummel um seine Person ohnehin.

**Kaprizen (V-VIII)**

*Cityscape (Randbezirk)*

Felder, Äcker, an ihren Rainen Anstoß
von Bewohntem; Kleinflächiges, da
geht einem das Herz auf, die dunkelrot
wackelnden Mauern voller Verwink-
eltem dahinter, verkapselt, Zeitkonfekt,
und ganz typisch, aus allen Richtungen,
an Säumen, wo die Straßen eine nach
der anderen auszwirnen, eingepappelte
Rast- und Lagerplätze, auch Container-
canyons: krähenbesetzte Furchen, die
grün hochschwappen an der Böschung,
Begrenzung als Schönschwung hier.

*von hier nach dort*

Lanstroper Ei, luftig eingerüstet, früherer
Barkhausen-Behälter für Wasser hoch in
den Lüften, die Gestänge ein Zeichen, daß
sofortiger Abriß nicht die Lösung ist, so
die Wassertürme, Wohntürme, exzentrisch,
alle hinauf, bodenweg, die Brückenwände,
Spundwände, Arme & Hände der Bäume,
von derselben Farbe (als wäre es erfüllend,
sich auszusetzen dem Wind, der Zukunft):
der Frühling trifft mich mit einem Schlag,
so wie ich zum ersten Mal Gustav Mahlers
Erste hörte, titanisches Umarmen fühlte.

*die Freiheit*

Geknitter, dort draußen beim Holz,
auf der Anhöhe die Eichenschar, die
Erlenhorde, Buytewech-krall, wie
im Fuchteln erstarrt, als schliche sie
um die Häuser, wenn keiner hinsieht,
der lebendigere Teil von allem, was
nach den Wolken greift: Leitungen,
Drähte, Masten, überlandhin, stadtquer,
ungeplantes Geschlinge, Stahlalgen-
meer: und immer stellt sich die Frage,
was sich drin verfängt, oder ob es sich
bloß einhakt, ins wenig Verfängliche.

*und in Mauerporen das ewige Insekt*

warum ich das Alte mehr liebe? nicht
aus Nostalgie, aus Heuteunlust, sondern
weil es angreifbar ist, windschief, die
Dachziegeln Moosquartiere, weißlich
von Vogelkacke und Flechten; weil in
den Ecken meine Träumereien noch
Zuflucht finden vor ihrer Verwaltung;
weil der Staub da haust; weil nicht alles
von Gestern revidiert werden muß &
über den Hallen der Horizont savannen-
weit ausgerollt ist, gefleckt wie die
Giraffenhälse staksender Mehlsilos.

## das Kürbishüttenwerk

manichäischer Ernährungstipp: eßt Kürbisgewächse,
besonders Melonen und Gurken, denn sie enthalten
ungewöhnlich viel göttliches Licht, das in allem
lauert und durch den Verzehr freigesetzt wird:
ein hochprozentiges Gemüse | groß wie die Gefäße,
worin man die Samen trägt, sollen die Früchte werden,
groß wie Glocken, wenn an Himmelfahrt ausgesät:
vielleicht kannte Heinrich Albert diese Überlieferung
in seinem Garten, den ihm der Landesherr gönnte |
so wird auch das Gedicht eine dicke runde Sache,
wenn man den Namen in den Flaschenkürbis ritzt,
genau genommen das göttliche Licht signiert | etwa
mit: Dach, Opitz, Kaldenbach, Roberthin – ihnen
gegönnt ein Mini-Eden, Hütte aus Hauch und Reimen,
wo man Ruhe und Luft schöpft, Wolken durchs Laub
betrachtet, allegorisch beides, hier wie dort, munterer
Silben- wie Regenfall, auch die Gewitterflut, die
die Wiese zum Hafen macht, Kähne der Imagination
fahren vorüber | oft liefen sie schon im Morgenrot
durchs Honigthor und über die Pregel-Brücke
(ignoriert die Verordnung gegen Kot und Abfälle),
flohen die engen Straßen, den Lärm, die Sorgen, die
viele hatten wegen Konkurrenten aus der Fremde,
falschen Glaubens zumal | und bauten an der Hütte,
verspottet von den Vorbeikommenden, reiche Bürger,
aus ihren Landgütern und Parks, die sich auf Ausbeute,
nicht auf Anbau verstanden; oder saßen bis spät in
die Nacht, trunken von Liedern wie vom Bier.
kürzere Fristen als die Früchte haben die Gärten,

die Hütte ein Zeitgärtlein auf einer Insel, und enden
immer mit einem Rauswurf | wo die Früchte rankten,
glitschte schon nach wenigen Jahren Schlamm,
vergiftet vom Handel, die Hütte platt unterm Weg, der
bis weit hinein in den Osten reichte und gegenüber
bis zum Hellweg: nach Magdeburg, Soest, Dortmund
und weiter bis zum Rhein | für Druckbögen, Malz,
Salz, und gewiß lagen auf einem der holpernden
Pferdekarren (sie machten den Boden noch weniger
wohnlich) manche Kürbisse, haltbar und lange frisch.

# TSEAD BRUINJA

Aus dem Niederländischen von Ralf Thenior

### Zitat 1

hand du tust zu wenig
das wachende feuer weiß es
die ungemachte arbeit weiß es
hand

das sandkorn unterm sommerfuß
die schneeflocke in kinderhand
das trockne herz im bangen menschenkörper
das zeitliche im zeitlichen
von dem ich dachte dass es
eine menschenhand brauchte

hand du nimmst mich nicht ernst
und machst alles nur halb
außer schmerzen dann bist du koralle
dann stichst du wie ein stein

hand warum steht nicht der name
des andern auf deinem rücken
und meine geschichte doch in deinem bauch

sommerfuß auf den sandkörnern
kinderhand in den schneeflocken

/

das zeitliche eine krankheit im hervorquellenden
auge gottes das knackt
und kneift
        kneift und knackt
erfühlt den ort sucht und stirbt

hand du tust zu wenig
und alles was du tust ist wie sex
es wächst scheint alle tage mehr
vertraulich lässt es einen vorhang sinken

wie eine hand so wenig
so hand
hand

## Nach schwarz eifern

wind füllt die jacke
den stetson

der welcher alles andere liebt
sagt oder ich sage

ob der boden keine tür ist
ob diese welle keine tür ist

spricht er oder spreche ich als versprechen
wie tief
           du neben mir liegen wirst

pferd das aus den wellen steigt
das wasser im trab hinter sich lassend

eifernd nach einer schwarz glänzenden kruppe
eifernd nach seinem fusselnd wedelnden schwanz

farbe nimmt überhand
und ich sage ab

oder zu

## Gans

hase im feld denkt
alles am hasen ist aus
alles am hasen ist wie
winter gänse fliegen hoch

jägeraugen sagen sommer
und alles am jäger ist aus
alles am jäger ist fort geflogen
genau wie jener sommer

alles am jäger ist grün
der hase im jäger ruft
und alles am hasen ist aus

das feld im feld denkt schuss
und alles am feld ist aus

vor allem der hase ist aus
im feld und in dem jäger

## Mädchen unterm Apfelbaum

die gute erde die sich zur sonne dreht
und die nacht die sich aus seinen zweigen zurückzieht

die äpfel

die feinen hellen härchen auf ihrer gänsehaut

die nacht zwischen ihren brüsten
und das buch in ihrem schoß

ich hatte ein gesicht
das halb fertig war

und

wollte

       mitlesen

sänger mit leim an den klauen
der nicht aus dem baum
getaumelt kommen kann

und keine vögel fängt

ein blutbeutel ohne hände

in seinem kopf
eine neue stille

an seinem körper
ein neues paar hände

## Großer Teich

die erde ist eine tasche
auf der schulter des mondes

die erde ist eine tasche
mit schlaffen henkeln

überdehnten henkeln
denn die sonne ist so schwer

ich habe mich in die erste zeile verliebt
ihr köder liebäugelte

ihre bilder schrien
nach einer fortsetzung

die sonne hängt in einer tasche
an der schulter des mondes

wir kriegen warme hände davon
es schaltet den fernseher an

und dann verschwindet die bildersprache
in einem tunnel

ich denke an die lecken atomkraftwerke
in japan

sagt dies etwas darüber?
muss ich dieses gedicht da
hinbiegen?

damit unter dem arm
an einem radioaktiven strand

wo alte männer auf stühlchen
zufrieden in ihre eimer schauten
auf fische die viel größer waren

oder schwimmt im selben wasser eine erde
war es nicht eine tasche
sondern der eimer eines fischers

**epheser 1:4 und wie der kürbis in unsere geschichte geschmuggelt wurde**

nach google kam der kürbis im 17. jahrhundert auf uns
eine zeit in der menschen die der pest entkommen waren
immer noch an tuberkulose sterben konnten

dasselbe orakel sagt dass der kürbis schon in der bibel erwähnt wird
in epheser 1:4 dem brief des apostels paulus an die heiligen von ephesus
eine wichtige hafen- und handelsstadt in der heutigen türkei

zwischen den am häufigsten gestellten fragen lese ich
obwohl unser kürbis von außen hübsch und kräftig aussieht
schneide ihn oben auf und du siehst er ist voll schleimigem schmer

es gibt keine fragen zu frucht und matsch in debijbel.nl
doch auf christianworkingwoman.org heißt es
christen sind wie kürbisse

die saat des zorns und die bosheit wurden ihnen entnommen
danach wurde ein lied in ihre herzen und ein lächeln auf ihre gesichter
                                                                      getan
und ein helles glänzendes licht wurde in sie gesetzt

ich denke an den manager des supermarkts in dem ich arbeitete
der öfter auf der baustelle seines neuen hauses anzutreffen war
als in unserem laden

wenn wir um fünf am samstagnachmittag schluss machten
ungefähr bei der fünften flasche heineken begann er zu singen
dass da ein licht in seinem herzen brannte
und dass es jesus war

/

dieser mann war nicht mein manager
er war mein kürbis

zu meinem nachbarn dem amerikaner
der mit mir durch dicke kabel verbunden ist
die am grunde des ozeans liegen

schreie ich nun dankbar

du sagst zucchini
ich sage courgette

er antwortet

wenn ich mit einem gedicht vor deiner tür stehe
kannst du entscheiden ob du mir etwas dafür gibst

ich hau dich sowieso übers ohr

# BELA CHEKURISHVILI

## Nachdichtung von Norbert Hummelt

**Mistel**

Wenn ich auf der Schaukel schwang, die mein Großvater im Garten
am Maulbeerbaum befestigt hatte
und zwischen den Ästen zur Sonne aufsah,
dann dachte ich, der Baum sei meine Mutter,
die vom Schlaf erwacht ist, die mich auf den Arm nimmt
und singend hin und her wiegt in der Nacht.
Es war der Baum, der mich schützte vor dem Sonnenglühen
und der mich mit den schwarzen Augen
lachend ansah wie die Mutter, maulbeersüß.

Heute schwingt mein Sohn auf dieser Schaukel
und denkt vielleicht, der Baum, dem er sein Leben anvertraut,
sei seine Mutter.
Er baut darauf, dass ich ihn schützen kann mit diesem starken Stamm,
der Rinde und den Ästen,
und wenn es nötig ist, mich gern verwandeln werde,
in Ofenholz, in einen Tragbalken, in eine Kinderwiege.

Er glaubt an diesen Baum und zweifelt nicht,
dass ich ein Baum bin.
Ich bin jedoch die Mistel,
die hoch im Wipfel einen Ast umklammert,
die wurzellos ist und blassgrün von Farbe,

/

die sich von anderen ernährt, von deren Saft und Licht
und nur ganz selten wagt sie einen Blick zur Erde
und jedesmal nimmt sie an Blässe zu,
wenn sich die Äste regen, weil die Schaukel schwingt,
dann fürchtet sie, erkannt zu werden
und herabzuschlagen, so man sie berührt.

**Illustrierte**

Immer, wenn du mich besuchst
und wir auf meinem schmalen Sofa sitzen,
siehst du mich an
wie die Titelseite einer alten Illustrierten, die dir auffiel,
als du aufs Essen gewartet hast, irgendwo in einem Café.

Der Text ist noch lesbar und auch die Bilder kann man noch erkennen,
aber die Seite ist so schräg geklebt, dass man nicht alles entziffern kann,
und es strengt dich an.

Du betrachtest Bilder von den Bergen eines fremden Landes
und dir fällt der Tag wieder ein, als du zum erstenmal einen Ball getreten
                                                                    hast,
aber du kanntest noch nicht deine Kraft, und er knallte gegen das Fenster.

Immer, wenn wir uns Kippen anzünden,
fühlt es sich an, als würdest du in dem Café die Wand anstarren,
wo die Titelseite einer Illustrierten so schräg geklebt ist,
als wollte man damit Löcher im Putz oder Flecken verdecken.
Das macht dich trübselig, weil du weißt,
du kannst sie nicht abreißen und mit nach Hause nehmen
und dort ganz in Ruhe lesen, was sie über diese Zickzack-Berge
eigentlich geschrieben haben, die drohend unter den Wolken lagen.

## Lohnausfall

Du und ich,
wir tafeln heute wie chinesische Mönche,
zum Frühstück gibt's Reis,
und dazu lächeln wir einander freundlich an.
An diesem Herbstsonntag
suchen wir unseren Hunger zu stillen
nur mit dem Reis,
den wir mit Stäbchen essen,
die wir im Chinaladen kauften,
und lächeln einander freundlich an.

Wie Reiskörner ist unser Leben
ausgestreut in den Armenvierteln,
sie reihen sich zu einer schneeweißen Kette,
und die vorübergehen, schauen uns mit großen Augen an.

Ich und du,
wir lächeln dazu
und halten uns selbst
für die tragenden Wände der Welt
und beugen uns über den Teller voll Reis
und trösten uns, denn die Körner sind weiß.

Du sagst,
du weißt nichts mehr von meinem geschorenen Haar,
nichts mehr von dem verbrannten Fuß,
na klar,
ich bin auf den Schulfotos nirgendwo drauf,
doch Jugenderinnerungen sind mir heute egal.

Die Reiskörner sind ein ganz anderer Fall,
wir müssen sie sorgsam mit den Stäbchen picken,
an diesem Sonntagmorgen
aus Dank,
weil dieser Reis sich fand
im Küchenschrank,
und lächeln einander freundlich an.

## Die Fremde

Von deinem Balkon aus wirst du sehen,
wie der Rabe
die Walnuss herab vom Baumwipfel wirft,
sie ist noch grün und noch nicht reif,
schlägt an den Zaun, doch bricht nicht auf,
und dann rollt er sie auf die Straße,
hin und wieder klopft er drauf,
hüpft und schiebt sie vor sich her,
du wirst es von deinem Balkon aus sehen,
und wenn du dein Zimmer jetzt verlässt,
dann fliegt ein Rabenjunges aus dem Baum herab
und landet auf dem Hoftor,
hockt und zögert,
soll es mir den Weg frei geben
und der rollenden Walnuss folgen
oder soll es warten, bis du auf dem Balkon erscheinst,
denn die Fremde hier, das bin doch ich.

## Picknick am Berg

Still wie das Gras,
wo die Heuschrecke saß,
von Sonne berauscht und vom Sommer gebannt,
sitzen wir am Wegesrand
und können nicht gehen – die Zeit blieb stehen.
Uns ängstigt der Pfad, der den Berg umgarnt,
wie eine bunte Schlange getarnt,
will er uns mit dem Berg erwürgen.
Und wenn uns dieser Pfad nicht schluckt,
wirft er uns hinab in die Schlucht.
Den Pfad hinunter läuft nun ein Mann,
ein Bündel trägt er in seinen Händen,
aus dem man Brotspitzen ragen sehn kann.
„Hallo, wer ist da", ruft er uns zu,
dann kommt er und breitet im Gras sein Tuch,
schenkt Wein uns in ein Kuhhorn ein,
wie goldgelb und kalt ist dieser Wein!,
tut es, um uns zu laben,
damit wir nicht Angst vor dem Würgeweg haben,
denn wenn dieser Pfad uns nicht verschluckt,
wirft er uns auch nicht hinab in die Schlucht.

## Die Bäume

### 1
*Das Kind*

Wir die Erwachsenen
pflanzen Pappeln und Wörter
Die Wörter verspiegeln die Luft
Aufrauschen die Pappeln
verdoppeln verdreifachen sich
Sie strecken ihre Zweige aus
und versiegeln dem Kind
die Augen den Mund
Die Angst ist ein Wald


### 2
*Laub*

Unsichtbare Bäume
Todesbäume
Aus den Zeitabgründen
schießen sie empor
Beglaubigt
von einem Schattentier
das uns anspringt
das Maul voller Blätter

**Im Park**

Zwischen den Bäumen
er der Wiedergänger des Traums
Er reicht mir eine Handvoll Laub
Gut für die Augen sagt er
zeigt seinen skelettierten Leib
und sein Geschlecht
Nur eine Maskierung sagt er
Als Tod käme er erst danach

### Das Haar der Berenike


In den Sternbild-Nächten
stickt die Stickerin mit ihrem Haar
sich seinen Namen auf den Leib

Das Haar leuchtet
Doch die Finsternis nimmt zu
Unaufhörlich Haare dünn und einzeln

Es sind seine Haare
Totenhaare die ihr aus der Ferse
wachsen

und den Körper umschlingen
Traumweis das Strampeln
Und keine Luft

## Sapphos Umarmung

Gliederweiß der Wald
Die Armstümpfe der Venus
schimmern

Ein sich verzweigendes
Dämmerlicht
Das vielnadelig zusetzt

Auffliegen Tauben
Und ich tätowiert
über und über

mit verstümmelten Versen
bleibe liegen
Bewegungslos meine Arme
und ertaubt

### Nach dem Absturz

Ringsum die Berge
Er der ist und nicht ist
schickt als Boten die Vögel
sie krallen sie bohren sich
in mich hinein

Der Schmerz führe zu ihm
Immer unwirklicher mein Körper
ein Schattenkörper
nicht stehend nicht gehend
zurückgeworfen von der
Unzugänglichkeit des Lichts
Und dann das Weiß

# KLÁRA HŮRKOVÁ

## Herbst im Erzgebirge

Der Nebel umhüllt das Haus und
verschleiert die Augen
Draußen die Wölfe
bringen ihren Jungen
das Jagen bei
Zehn Schafe innerhalb
dreier Nächte
haben sie getötet
(sagt die Zeitung)
Im Haus die alte Mutter
mit geschlossenen Augen
zählt die Schäfchen

## Heimkehr

Wenn die Frachtschiffe
zurück in den Hafen fahren
fischen Kormorane in den Flutwellen
Der Abendstern, eine Verlockung aus Licht
und Ferne, doch ich bleibe treu
dem Ufer, sammle Lichter
von der Wasserfläche
trage sie in meinen Manteltaschen
für die Lampen, die ich in der Stadt
unter den kahlen Kastanien verkaufe

**Das Reich der Lichter**

*Zu einem Gemälde von René Magritte*


Der Tag war ihnen viel zu groß
und doch zu klein
So versammelten sie sich unterm Baum
bauten Häuser mit Fenstern
bündelten Licht, lebten in der Nacht
lasen ihre Gedanken
beim Lampenschein im Spiegel
hielten sie für die Wirklichkeit

Der Tag blieb groß und unverändert nah
hielt alles bereit, was Augen finden können
doch ihre Pupille fing lieber
das Flackern künstlicher Lichter auf

## Auf dem Wasser

Wenn du mal wieder
spazieren gehst auf dem Wasser
fürchte dich nicht
Spuren zu hinterlassen

Die, die sie überhaupt sehen
werden verstehen

## Atlantis heute

Überflutet
von Salzwasser, Öl und schwarzen Regenfällen
verschüttet
unter der Last versunkener Schiffe
unter tausend Dingen

liegt es
jenseits der Gedankenoberfläche
der Fischschwärme, die seine Existenz verhüllen

Wir in Taucherausrüstung
und mit Augenblende
verstehen die einfachsten Worte nicht

Wir wissen nicht, dass Atlantis
kein Kontinent
sondern ein Zustand ist

**Novembervollmond**


Die Kürbisbarke
auf dem bewegten Nachtmeer
Gruß aus dem Jenseits

# SIBYLLE KLEFINGHAUS

**eine axt wird gebracht als sollt' ich sie segnen**

ein paar schicke möbel grösse vierundsechzig,
das passende kaugummi dazu,
vaterländische beflaggung. wovor
haben denn alle solche angst

**worüber wir sprachen**

aus dem innern des staates
rollen autos, eine glocke
wird geläutet. berlin!
bin ich wirklich in berlin?
die sehenswürdigkeiten
werden herumgefahren, nachts
bindet man sie fest
am ufer der spree. und dicke
rucksäcke vorn und hinten, die
internationale jugend
irrt von bahnhof zu bahnhof.
und das wetter ist kaiserlich, tag und nacht!
geht es dir gut? isst du
genügend grünes gemüse

**im handbuch gegen den weltuntergang**
**kommen wir immer zu spät**


aber das macht nichts, die meisten
möchten eh unbemerkt durchs leben gleiten,
still verwildern hinter den absperrungen,
bei hängeschwein und streckziege.
oder in der mongolischen steppe,
da nähmen wir dann das akkordeon mit
und für das schlagzeug den elektrischen
jungförster in geisterblond

## fragdenstaat

ein blick ins allmächtige zentrallabor
mit onkel, tante, beifang.
alle sturmerprobt aber auch mitfühlend,
als turteltäubchen der wahrheit,
untersuchungslustig, girrend und gurrend.
da muss man sich eigentlich
keine sorgen machen, sie sind bestens geeignet.
nur am rande das betretene
twittern von kindern und enkeln,
als seien sie nachher
beschädigte ware ohne rüchsenderechte

**liebe, sex und was man dazu anziehen sollte**


blaues hemd, grüne hose, ich.
grünes hemd, blaue hose, du.
dass wir träumten, wir könnten
einander entkommen!
und unser haar schoss elektrisch himmelwärts
und ich hätte so gern alles gestanden,
mit verschlungenen beinen, brust an brust

/

# BARBARA MARIA KLOOS

## kleine wundtoilette

wer kommt heim: ICH allein
avatar auf gummirollen miss
wahncard im trolley auguren

war umsteigen war smoothie
war avocadobagel ohne hand
war schwanz mit altem weib

umwickelt – virginia monster
wooden o aus zofen argustee
ICH bin orlando müde müde

**das innere der bude**

brave brüder halten keine hand gesichter abgewandt
aus ihren köpfen quellen atemtürmchen aufgeklappt
wo war die brust das haar ich fühlte wenig wimpern
brauen wasserflecken an den wänden totenschmaus

flucht über die berge unter die brust das feuchte kitz
auf dem weg lawinengefahr! ich liege kahlrasiert im
umgekippten dutt aus atemzügen märchenblasen ein
halsbrett um die kehle rabenbrüder halten händchen

führen jeden stummelfinger zu den hüften durch die
berge unter atembrüste stülpen mir die letzte glocke
über lawinengefahr! ich ersticke im trockenen bund
auf dem waldquadrat wie himmel und hölle gefaltet

## mythische geschwister

biber jäh am rand der saale ein sumpf
gemeinschaft krüppelzoo vom sonnen
ahn gefüttert: kartoffeln schalen hafer
flocken sie machen männchen buhlen

zäh stupsen den guten menschen von
halle luxus lpg gezüchtet ossisklaven
die man häutete verzehrte – nach der
wende entsorgt der freiheit geschenkt

bei frost platzen die schwänze erzählt
er dann schwimmen die tiere brüllend
im kreis ihr pelz fast weiß ziehn einen
gewaltigen blutschweif hinter sich her

## o kriechspindel gedächtnis-chip

*in die man einstieg, weil ihr kopf so heulte*
für christine lavant

haine weiler nutzlandschaften langsam durch mein lid gezogen aasige alete

am ichrand reißen folien dampfen rebusfarmen wer zum SELFIE beten will

tupft die lettern mit den fingerkuppen in den schrein auf seinem schoß sehe

glutnester aus worten wie einsame fleher ziellos schweifend unerhört durch

glaskunstwälder flagellaten spieglein spieglein in der hand – woran erinnert

mich die lärmschutzwand abstrakte zeichnung wie jene vier linien im grund

schulheft für groß- und kleinbuchstaben als wir noch offline lebten schabten

winzige datenvolumen in kratzigem strumpf ein düpflein auf der erd bin ich

bodendecker oder solitär vor flüssigem chimärenteppich einwärts die blätter

## am hof der omphale

zum zweiten mal ruft mich ihr geist
aus schnabelflöten perlt mein name
klangwolke durch die trance gereist
wie's knisterte am laden hechelzüge
in windstiller nacht am nächsten tag
ihr neues siechtum sofa speckballett

das haus aus zwielicht unputzbar
ein waschlappen voll blumenerde
o kirschen quitten latschenpferde
schlemmerjagden von ast zu rast
abends holt ich milch beim bauer
die kälbermäulchen gülleschauer
mein haus von plankton umhüllt
zwischen handtüchern verborgen
dein aschenes kleid margarete ge
bügelte rose im phosphorgemach

zum zweiten mal fragt mich ihr geist
bist du bereit? bist du bereit? ein ton
wie der tiefste ton deiner orgel der in
mir stehn bleibt vibriert – klage einer
verdammten die sich räkelt verwehrt
klage einer die sich im gehen entleert

**an einen kürbis in phöbus garten**


o welche göttin
magst du als ohrring zieren
barocke perle
*ist doch europa gantz voll kriegen*

für sibylla schwarz (1621 – 1638)

# HEIDI KOREN

Aus dem Niederländischen von Heidi Koren und Ralf Thenior

## Nimm mich

Um den Kontrast so groß wie möglich zu machen, trug ich nur Schwarz.
Sonst haben wir alles in Weiß gemacht.

Die Bardame verstand das ohne Frage. Sie zapfte den Bierschaum hoch
und ließ ihre rot lackierte Hand etwas zu lange auf den Gläsern liegen,
die sie uns vor die Nase setzte.

Nachts zeigst du mir das Hotelzimmer wobei du schüchtern das Plastik-
laminat untersuchst. Du hast ein zweites Zimmer gebucht, falls ich nicht
neben dir liegen wollte.

Ich habe mich zerissen, mich dann in endloses Weiß gestürzt und
ungeduldig darauf gewartet, dass du mir das ganze Schwarz abnimmst.

Da waren Körper, die schliefen, und Körper, die sich übend Mühe gaben
alles was nicht war aufzulösen.

Da draußen wussten wir, dass es wohl nicht für immer so bleiben würde.

**Schau uns an**

Sieh uns liegen, mit Haut die vielleicht nicht mehr so straff, nicht mehr
makellos ist, die sich langsam den Naturgesetzen unterwirft, und du,
der sein Bestes tun müsste, um aufrecht zu bleiben.

Deine Brille auf dem Ikea-Nachttisch, in dem die Bibel liegt, die wir nie
gelesen haben und nie öffnen werden.

Jeder weiß bereits, wie man gut tut und wie nicht und wie letzteres so viel
besser schmeckt.

Drei Kürbisse stehen auf der Fensterbank. Vor Jahren schon wurden sie
durch Plastiken ersetzt, weil die echten jeden Sommer verrotten.

Es ist halb vier auf meinem HandyDisplay. Brutal wirft der Mond sein
Licht durch die Risse in den Vorhängen, und ich schiebe mein wahres
Leben weg, krieche in die Wärme all deiner Höhlen.

Nach diesem Tag ist noch ein ganzer Tag übrig. Wir müssen jetzt dafür
sorgen, dass das steife Bettzeug bricht. Dass wir tiefe Spuren in den
Betten hinterlassen. Dass wir uns so in das Weiß einpassen, dass wir es
nicht vergessen.

Na los, sagst du, komm schon

**Die andere**

In den folgenden Wochen, nachdem wir nach Hause kamen, hatte ich dich abgesetzt und alles, was mir zugehörte, aus deinem Koffer genommen, warf einen Blick auf das Haus, in dem dein wirkliches Leben auf dich gewartet hatte, und sah unbeabsichtigterweise die süße Notiz an deine Frau. Es begann zu schneien.

Von meiner Wohnung im dreizehnten Stock sah ich, wie alles, was ich nicht wollte, sanft vor mir verborgen wurde. Ich habe für mich selbst Pfannkuchen gebacken und bin mit den Fingern durch den Puderzucker gehüpft. Es war so einfach, dass auf meiner Netzhaut Tränen wuchsen.

Am Telefon haben wir abwechselnd Versprechen gebrochen, als ob es sich um Geschirr handelte. Gelegentlich klapperte etwas, dann war es still.

## Außerhalb von mir

Was ich dir eigentlich sagen möchte, habe ich eben gesagt. Am Telefon bleibt es furchbar still. Ich zünde mir eine Zigarette an.

Der Halbmond schaut auf mich herab. Schuldig sitze ich in der Ecke des Balkons auf der Bank, die nie lackiert wurde und von der eine Sprosse fehlt, mein Kleid ist um den Hals gefaltet, aber ich bin immer noch barfuß.

Dein Atem sagt mir, dass du gleich auflegen wirst. Ich stelle eine Frage, auf die du nur eine lange Antwort geben kannst.

Meine Poesie würdest du gerne besser kennenlernen, sagst du, aber ... Vögel die über uns fliegen, zählt man nicht.

**Was hast du dir dabei gedacht?**

Wenn ich wirklich nie mehr an dich denke, fängt es wieder zu schneien an. Ich denke nicht an dich, wenn ich es unter meinen Füßen krachen lasse, und ich denke nicht an dich, wenn ich ausrutsche und du mich sowieso nicht hättest auffangen dürfen.

Am Ende von allem Weißen fließt der graue Fluss.
Ich sehe, dass sie heute grantig ist. Sie hat in der Nacht die Bank rausgeschmissen und gekotzt.
Zwischen der Pepsi-Flasche, dem eingeweichten Blumenkohl und dem Trockner setze ich mich hin, um eine Zigarette zu rauchen und die Sekunden zu zählen, die es dauert, bis der nasse Schnee in meine Unterhose eingedrungen ist.

Dann gehe ich über meine eigenen Schritte zurück nach Hause. Das Weiß weggetaut, sodass ich den Weg zurück leicht finden kann.

/

## IVETTE VIVIEN KUNKEL

**die hinterbliebenen und zurückgelassenen**
hinterlassenschaften mittendrin
ich zwischen dingen die
hinterlassen und zurückgeblieben
ich komme nicht mehr mit

*(nein nein schon gut – du kannst gern vorfahren*
*bis ich dann später nachkomme – )*

so mitgenommen auszusehen in der
zurückgelassenheit, mit gelassenheit
hat das nun wirklich nichts zu tun.
so loser faden ohne anfang und alles,
was sagt eigentlich darwin dazu?
diese gene gehen gar nicht
nicht weiter als –
am stammbaum mein ast
auf dem ich saß, ist abgesagt.
im sinne der evolution ist so ein
offenes ende vollkommen nutzlos.

im hinblick auf die erhaltung der art:
dem habe ich nichts hinzuzufügen.

### Dusche. Kafka. Ich.


In meinem Badezimmer saß heut
Franz Kafka auf dem Boden.
Die blauen Hände umspannten
die frisch abgeriebenen Fliesen.
Es waren die Füße eines großen
Seevogels. Ein Albatros vielleicht.
Er sah traurig aus und allein.

Ich hab ihn abgeduscht und
trockengerubbelt. Dabei erwähnte er,
er habe wirklich großen Hunger.
Was aber viel wichtiger sei,
ich müsse
wissen:
er wollte immer nur Gedichte schreiben;
nur konnte er kein Ende finden -
und dann weinte er, und ich
ging, um ein Käsebrot und Kakao
zu holen.
Als ich zurück kam, guckte er
noch immer ganz meerisch
Richtung Abfluß.

**Pandemic Paranoia #1**
*Aus: The Cabin Fever Chronicles*


Ameisen
in den Innenräumen
sind der geistigen Gesundheit
der Bewohner
nicht zuträglich.

Wenn man nur
lange genug draufstarrt
kriegt jeder Krümel Beine
und jeder kleine Fleck beginnt
sich zu bewegen.

Waren da überhaupt
jemals
Ameisen?

**Pandemic Paranoia #2**
*Aus: The Cabin Fever Chronicles*


nur fetzen von sätzen
ein undeutliches bewegen am rand
des blickfelds etwas helles
in der peripherie des
wahrgenommenen.

schon längst hat man es
ganz und gar aufgegeben den kopf
zu drehen und lebt
mit fetzen von sätzen,
huschenden verwischten skizzen,
eine kreidezeichnung nach dem regen,
das schwarz und das weiß in der dämmerung,
die dämmerung an sich –

nur fetzen und
man dreht den kopf nicht mehr.
sätze die heimatlos wie motten
verbrennen ehe sie mich erreichen.
ich drehe den kopf nicht mehr.
nur fetzen und immer die gleichen
fetzen von immer den gleichen

eher drehe ich durch als
noch einmal den kopf

**den anweisungen des flugpersonals ist folge zu leisten**
*(auszug aus den anweisungen des flugpersonals)*


das mitführen von feuer / von gegenständen aus glas, kupfer und uran /
und waffen jeglicher größe und art / (hieb stich schuss sowie schlag) /
außerdem koffeinhaltigen getränken, / die gewöhnlich heiß serviert
werden bzw. /
die man noch vor wenigen jahren heiß zu servieren pflegte, wenn / man
sie servierte / wovon wir ausdrücklich abzusehen bitten während der
gesamten flugdauer. /
und solchen auf basis stark zuckerhaltiger / frucht- und obstsorten; auch
früchte und obst im ganzen / dies gilt ebenso für wurzel-, kürbis- und
blattgemüse / ausgenommen den auf seite 27 gelisteten arten von wurzel-,
kürbis- und blattgemüse. / diese liste wird fortlaufend aktualisiert. /
sollten sie eines der von ihnen mitgeführten wurzel-, kürbis- oder blatt-
gemüse, / auf die diese ausnahme zutrifft, / nicht unter den auf seite 27
gelisteten arten finden, / wenden sie sich bitte vor antritt des fluges an
unser flugpersonal am boden. /
eine schriftliche genehmigung muß in jedem fall / zur vorlage auf anfrage
ohne angabe / von gründen jederzeit mitgeführt werden. /
(...)


auch das mitbringen von haustieren / sofern sie /
fell oder haare haben, federn, / schuppen aus horn, panzer aus chitin oder/
exo-skelette gleich welchen materials – / ungeachtet der art und weise
ihrer fortbewegung, / 2, 4, 6 oder 8-beinigkeit, / mit flügeln, flossen,
rotatoren, rückstoß, fernbedienung oder k.i. /
auch wenn sie SELBST FLIEGEN können – / und wir bitten dies zu
unterlassen. /

(...)

ebenso körperflüssigkeiten jeglicher art außerhalb / des eigenen körpers in gesonderten /

gefäßen / mit einem volumen < = > 250 ml, bzw. 200 bis 300 gr gewicht, bzw. / einer ausdehnung über mehr als 3 (für anreisen zu planetoiden gilt nach wie vor 4) / dimensionen, /

mitzuführen ist untersagt, / außer /

es liegt ein ärztliches attest über die medizinische notwendigkeit des / transportes einer oder mehrerer körperflüssigkeiten außerhalb / des eigenen körpers auf lang- und mittelstreckenflügen vor; /

dies gilt auf kurzstreckenflügen auch für fremde körper bzw -flüssigkeiten. /

(…)

# ARNOLD MAXWILL

## kleine Bangigkeit im Äther

wie oft muss die Träne ins Funkloch gehn
ein spätmodernes Nadelöhr um fünf vor halb sieben
im Regionalexpress Richtung Minden (nicht Siegen)

:ja muss denn der Schlaf ein schlechter sein
ein unruhigerer, zugunsten der Wärme
passt Nahendes noch in diese Poren:

flatternde Bande; zischende Röhren
die Falte mit Lake (ein Wangenfilm)
landet – Dämmer – baff in Kamen

**slp**


schal oder schlau
ich war im Tau, träumte
tändelnd vom Omnibus

von Haarshampoo, sanierter
Brust. es ist Schönes, was ich
meine. nein, ich vergnüge
mich nicht. Lotse bleibt

Lotse. die Arbeit wird Tal.
zur nächsten Wut bugsiert
mich: der Traumtransport

## Tiefgaragenkollektive

Widerstand. ach, dieser Widerstand. wir
ungebetnen Gäste. hier ziehn Verbrennungs-
motoren ihre Runden ... hier beginnt

eine andere Form des Transits.
Schließung im Untergrund, im
rohen: Öffnung der Nischen.

Akkordeonwalm; Quersäulenflöz.
dicht auf dicht kreisrundes Rot: Reso,
Oreaden, Nanz. – Teppichtransit

**Fink Loit**

der Specher tippt cholerisch, acht Häcksler kippen Sorgen,
frühmorgens. so quillt, kaltklar, gespaltne Obdach.

nasse Finger, die immer nur stopfen, schlonzen und schröpfen.
der erste Peak meint meist nicht Neige; so lange schon wohnt Schwär.

vier unbezifferte Säume: psychotisch, der Rest ist Podologie.
wer kämmt die weichen Nester, den neuronalen Überspann?

gibt Stimmen und Stimmen, Bildkanäle, immense Obsoleszenz.
im internen Parlament treibt Schwingendes stark bittre Blüten.

Schnauben, fernab. der Kuchen findet nicht zweimal statt

/

**was noch zu tun ist**


mit Blinky Palermo telefoniern;
mit Beuys über die: Niers –

wie viel Blau braucht das?
dass Störung ist, Widerstand;
Vergessenes stabilisiern –

Tücke, Trinsch, Pnabole.
die Netze flitternd: sie lösen

# JUTTA RICHTER

## Sommerlied

Die Kinder tragen wieder Nasen auf den Nasen
Und auch die Heckenrosen sind verblüht
Die jungen Hasen sind jetzt alte Hasen
Die Sonne hat uns heftig durchgeglüht.

Auf den Balkonen schaukeln Hängematten
Der Sommer hat schon einen dicken Bauch
Die Katzen dösen und sie suchen Schatten
Und liegen unterm Sommerfliederstrauch

Ich sitz am Fenster seh das Spiel der Kinder
Ich werde traurig, trinke meinen Wein
Ich weiß in hundert Tagen ist schon wieder Winter
Und möchte immerzu im Sommer sein.

## Nachtgebet der Fledermäuse

Am Morgen sprechen die Fledermäuse
In dunklen Höhlen ihr Nachtgebet
Sie danken dem großen Weltenerfinder
Für Spinnen und Mücken und alles was schwebt.

Sie danken ihm für die lautlosen Stimmen
Für das Echo, den Schatten, die finstere Nacht
Und dass er dort draußen wie auch hier drinnen
Sie schützt, sie behütet und sicher bewacht.

Dass der Tisch gedeckt ist, dass Motten schwirren
Dass sie leise segeln im Mitternachtswind
Und dass die Katzen nicht fliegen können,
dafür dankt ihm ein jedes Fledermauskind.

## Abschiedslied

Dann geh ich gern,
wenn mir ein Küchentisch
versprochen ist.
Darauf zwei Gläser,
eine Flasche, immer voll.

Und Rosmarin und Lamm
und Harfen nur im
Hintergrund.
Ein Sauflied oder zwei
doch vierzehn Engel,
die es für mich singen.

Und du dabei
und reichlich Tabak auch
und immer Mai.
Wenn mir ein Küchentisch
versprochen ist,
dann geh ich gern.

## Ich trink dem Süden zu

Die Horoskope künden gute Zeiten.
Merkur und Mars stehen im siebten Haus.
Mit Spiegelbildern kann man sich nicht streiten,
und Kassiopeia lacht Kassandra aus.

Die Scherben der zerschlagnen Fensterscheiben
Sind längst zu Flaschen umgeschmolzen worden.
Der Grappa schmeckt, ich werde dabei bleiben.
Ich trink dem Süden zu, dir lasse ich den Norden.

**Vorbei**

Auf einmal sind die Schwalben weg
Kein Sriii kreischt mehr um unser Haus.
Kein Sturzflug, keine Himmelsjagd
Und plötzlich ist der Sommer aus.

Die Sonne scheint,
die Luft ist leer.
Wo gestern noch
Ein Jubeln war,
ist Stille jetzt.
Kein Singen mehr.

### Sisyphos schläft

Da liegt er
Vorm Haus
Gelbleuchtender Fels.
Herbstgeburt,
gezeugt aus Wasser,
Erde und Luft
und den Strahlen der Sonne.
Besungen
von Nachtigallen
auch tags.
So schwer
Als habe er
Unsere Last
Gesammelt
In Monaten.
Doch niemand
Der es ihm dankt.
Keiner
rollt ihn
den Berg hinauf.

Sisyphos
schläft.

# SABINE SCHIFFNER

## immer wieder

es ist ein fluss der mitten durch den
traum fließt
da saß ich immer wieder mit dem vater im schilf
am ufer der ochtum und angelte
und meistens bissen nur die wollandkrabben
wenn wir aale fangen kommen sie nachher in die pfanne
die wollandkrabben aber schmeißt du einfach
wieder rein sagte der vater bevor er weiter
pfeife rauchte und schweigend richtung
parzelle ging

am hafen gab es viel maische und
der geruch nach tabak war auch da
wenn wir mit fahrrad und dem angeleinten hund an
der tabakfabrik vorüber zur parzelle fuhren
dort in dem großen roten backsteinbau hat
dein großvater einmal gearbeitet doch
das ist lange her sagte der vater und
stellte mir die welt so dar als gäb es
nur ein vor und ein
nach dem krieg

das auto das der großvater sich leistete
nannte er kugelporsche
und er schaute manchmal misslaunig wenn wir

/

am sonntag aus der stadt zu ihm in
seine vorstadtsiedlung fuhren und die erwachsenen
kaffee tranken aus den geblümten tassen von villeroy und boch
den kaffee tranken wir auf der terrasse
mit blick auf den unangeleinten hund
der dann immer im garten grub
aber im erdaushub nie etwas fand

ich kehre immer wieder
zurück zu diesem stück land
von dem aus man die fernen inseln
sehen konnte wo ich kartoffelkäfer sammelte
und mit dem vater aale angelte
im schilf am fluss saßen wir da die mücken
saugten sich an uns ganz blutig während wir warteten dass
unsere pose zuckte und immer wieder bissen nur
die wollandkrabben an

(2018)

**der hühnerstall**


der hühnerstall im garten
steht verlassen
die mutter sagte wohl zu oft
mit dir sind alle guten geister
und durch den einschlupf huschen jetzt
die haselmäuse

ein strick hängt noch im türrahmen die stelle ist stabil
fragil bin ich geworden mit den jahren
das was ich früher niemals war
ganz rauh ist's mir im hals
es klingt nicht wie das lied des zaunkönigs
der gerad mit singen loslegt

das dach des hühnerstalls besetzt
die schwarz und weiße katz
die stammt aus meinem elternhaus
und als ich geh schaut sie mir einzig
hinterher und schnurrt

und als ich wiederkomm und in die sonne blicke
legt sie den rest vom zaunkönig vor mich
achtlos mit abgebissnem kopf

(2005)

## an den kaninchengarten


die wurzeln der lupinen unter
der kruste aus erdhäufchen
darüber achtlos gehend
zweie die sich streiten
mit scheuem blick im tunnelgewirr ihrer
worte die ticken wie
unter dem rasen maulwurffallen
import aus england
mit elektroschock und garantie
und manchmal springt mit
komischem blick ein betäubtes tier aufs gras
die wurzeln der lupinen
wachsen unterdessen unten immer weiter
auf den beeten frisch aufgeworfen
schneckenkorn glänzend feucht bierfallen
ein kleiner blauer falter nippt daran und ein kaninchen
leckt den morgentau von nussbaumblättern
vom kastanienstengel
der menschenleere garten nickt
das kaninchen gräbt
unweit der malwurffallen an einem
fluchttunnel als es plötzlich innehält
und aufgerichtet erstarrt seine ohren dreht
die einige gesprächsfetzen mitbekommen
aus der ferne
hin und her wie ein verwirren
ein mann eine frau
gerade dem bett entstiegen
einem erinnerungslosen leichten schlaf

/

gehen auseinander
unbeirrt graben und das fell putzen
die morgenamsel singen lassen
morgentaube gurren lassen
dem kaninchen schmeckt zinnie und kokardenblum
als der mann der frau hinterhersieht
denkt er du bist wie eine blume
sagt es ihr aber nicht um sie nicht
zurückzuhalten
auf den betten liegen hingeworfen
die decken der nacht
es bleibt nichts übrig außer dem garten
die frau blickt nicht zurück
sie denkt an eine margerite
ihr gesicht
ist heiß und weiß

(2004)

**die amsel**


sonst war ich scheu
und sang im dichten unterholz
mein lied für mich
ohne telefon und klingelton
ich war oft einsam unterm
immergrün meines waldes

meine mutter meinte einmal
früher bist du so und so gewesen
du warst ein ruhiges kind mein amseltöchterchen
und deinen brei
aus spinat und lebenserfahrung
hast du anstandslos gegessen

das habe ich aber anders
in erinnerung sagt meine
schwester die
im selben nest wie ich gebrütet
immer noch an den schalen nagt
diesem schwer verdaulichen eiweiß

über dich sagte unsere mutter
dies kind ist so wild und groß
vielleicht ein kuckuckskind pass bloß auf
dass es dich nicht aus dem nest wirft wenn ich fort bin
was du aber nie getan hast
nicht einmal gedacht hast du das

fährt die schwester fort
heute im braunen frauenkleid
bist du ganz anders
scheu bist du geworden
zuweilen hüpfst du schon mal doch
nur im verborgen getüpfelten schatten

ja das muss ich wohl
erwartet wird von mir
stadtgetummel ruhelosigkeit
bis in die nacht hinein
ins licht der straßenlaternen
reklamen dämmerungsillusionen

dabei zieht es mich in den schatten
des früher
die ruhe des abends
eine lichtung ganz für mich
singen unterm immergrün meines waldes

(2004)

**goldruten**

mir bleibt von meiner neuen heimat
dort ganz im westen meines kalten landes
dies bild das seh ich durch die kamera
in dem moment als wir gerade beide
online sind du bist
ganz nah am telefon du
gehst durch deinen garten und sagst
der regen hört hier selbst im sommer
niemals auf du zeigst mir dann
das grün das wuchert
deshalb weil ich zu lange fort bin sagst du
das alles ist für mich so fern
wie mancher der sterne
am inselhimmel
des august
die gelbe blume da
blühte genauso heftig
als ich noch bei dir war
du schaust ganz traurig in die linse
so dass ich selbst auf einmal nicht mehr weiß
wie ich noch heiße wo ich herkomme und so
und du verwirrst mich mit dem hinweis
auf die blumen und auf einmal sagst du
ich ginge dir nicht mehr aus dem sinn und
du könnest es kaum aushalten bis ich
wieder bei dir
bin

(2019)

# TZVETA SOFRONIEVA

## Sehnsucht nach der Genauigkeit der Zeichen

Ich sehne mich nach Nō-Theater
Das bietet mir eine Rettung
Dunkle Laute Tiefe Laute
Das Sterben zu begreifen

Spüren was Orpheus komponierte
Dunkle Laute Tiefe Laute
Am Grab meines Vaters
An den Grabstätten von Freunden

Aufmerksamkeit und Geschwindigkeit
In den Augen der Rotkehlchen
Atavistische Pracht der Kostüme
Auf der hochtechnologischen Bühne

Ich sehne mich nach einer Tiefe
Die mitreißt ohne zu töten
Nach der Genauigkeit der Zeichen
Nach dem Z in den Worten

Ich beanspruche nicht die Welt
Ich bin nur eine Blume
Reflektiere alle Lichtstrahlen
Ohne zu verzagen

**Wunderdetektor**


Detektor für dunkle Materie,
Homo Ludens liebt Spielzeuge,
Plasmabälle, sich umarmende Lichtblitze,
durch Gravitation werden aus Galaxien Universen,
vereinte Kräfte spielen also doch eine Rolle.

Wir spielen gern gegeneinander, bald
steht uns ein Wechsel des Vereins bevor, wie bald
ist es ein fünfundneunzigprozentiges Geheimnis.
Geheimnisse sind also doch der Rohbau des Universums.

Unseres driftet auseinander, dunkler Ehrgeiz
treibt es, und die Neugier teilt, entfernt, doch
alles bleibt verbunden, eingebettet im Netz
der dunklen Substanz der Wunschereignisse,
dokumentiert von dem Ästhetik-Sensor.

## 9. Chance auf eine Zukunft
*(aus dem Zyklus „Mehr Zukunft")*


Geologisch bleibt eine Schicht aus viel bearbeitetem Material,
ein wenig Unorganisches, etwas Beton, Säure wird auch das
zersetzen, Seltene Erde als kleiner Metall-Friedhof eventuell,
die Staubsedimentierung wird normal ausfallen, Stichwort:
Megavulkan. Wir maßen uns die Formung der Erde an,
doch wir sind nicht die Zukunft der Erdschichten.

Es geht um uns jetzt, unmittelbar um die Zukunft unserer Kinder,
ob die Schönheit, so wie wir sie verstehen und gestalten,
immer noch stattfindet, ob das Leben besteht, mit all den Farben,
ob Schnee zu spüren ist, Haut zu berühren, Wale und Delfine erlebbar,
Bienen und der Geschmack von Honig, Vogelflug, Segelwind, Atmen.
Könnten wir endlich statt Mäuler Herzen und Augen öffnen.

*Eine Nacht, in einer Straße*
*mit Schatten gepflastert*


wohin führt die Straße
wenn sich die Steine flach anordnen
um die Erdkrümmung zu beweisen
wenn sie Leitungen widerspiegeln
die Wege des Stroms
die Elektrizität zwischen Ozean und Ländern
dem Himmel mitteilen
wenn sich Autos in Schiffe verwandeln
wenn Wolkenkratzer Filmkulisse sind

wie weit führt die Straße
weg vom Krieg
und doch voller Hochspannung
in dieser Welt ohne Frieden

**Zukunft nach den drei Sekunden, die unser Gehirn angeblich
als einzige Gegenwart empfinden kann**


Frisch gespaltenes Holz, frisch gebrühter Tee,
ein Gedicht, ein Freund,
eine Vision, viel Luft,
erfüllte Träume, neue Träume,
und wieder an die Arbeit.

### Corona Curcubita

Rund, übersät mit Auswüchsen,
merkwürdig dekorativ,
Panzerbeere, in der Wildnis
schon 10.000 v. Chr. präsent,
jetzt bei uns virulent.
Im Fokus große Zahlen:
China      7.789.427
Indien     5.073.678
Russland 1.224.711
USA        1.005.150
Italien       580.188
Türkei       489.999
China verzeichnet wieder
den Weltrekord.
Doch was für ein Glück –
wir zählen nicht Covid19-Tote.
Sonniges Herbstfleisch bestimmt
den 2020er Frühling:
Kürbis in Osterkörben –
kaum verändert ist das 1578
in der Magdeburger Bibel erwähnte Wort.
Die Krone ist
bei beiden Geschlechtern fast gleich groß.
Corona macht da keinen Unterschied.
Ganz ähnlich der Curcubita.
Heute verändern Menschen
auch ihre Landschaften,
legen Tausende von Inseln an.
Schon im frühen Holozän domestiziert

/

und im späten immer noch ungeklärt:
gruseliger Halloween oder Martins Laternen,
Honig in Sofia, aber Öl in der Steiermark...
Offensichtlich müssen wir
mehr Forschung betreiben.


*Am Velikden 2020, für Ralf Thenior*

**RALF THENIOR**

### Voyage surprise

*Pierre und Jaques Prévert,*
*Schöpfer des Films „Voyage surprise"*

Ich ging im Schlafanzug an Bord,
der letzte Passagier, Departure Nord,
ein Haufen ungelöster Fragen im Gepäck:
Was war das Ziel der Reise und ihr Zweck?

Ich stand im Schlafanzug an Deck
trank frierend zwischen Gästen Sekt,
Füße auf kalte Sohlen gesteckt. – Etwas Gebäck?
Sie lächelte mich schnurrig an

und reichte mir eine kleine Gun
auf dem Tablett. – Du wirst sie brauchen.
– Aber ich dachte wir sind schon dead!
Sie lachte nicht mal. – Leb wohl, Dad!

Mit Not konnte ich den Barmann überzeugen,
mir eine Flasche Sekt auf Kabine zu schreiben.
Nummer 667. Wo ich dann mit Sekt-
kelch saß und mir dämmerte, ich war

verurteilt, mich selber zu richten.
Doch vorher wollte ich ein Spiegelei.
3 Eier mit Röstbrot und 1 Pott Kaffee.
Den Zimmerkellner rufen? Er könnte mich

/

tadeln, dass ich noch lebte. Also, wie? –
Hier lassen wir uns allein, exit Kabine,
Zoom zum Hubschrauber zurück, wir
sehen eine kleine, hell erleuchtete Stadt

auf schwarzem Wasser in die Nordsee treiben.

## Auf der Suche nach dem Glücksplaneten

*LICHTJAHRE* – wir – im All – unterwegs,
ermüdet von Reisen durch ferne Galaxien,
Erinnerungswärmevorrat aufgebraucht,

reine Funktion, und in der Freizeit vereisen,
qualvoll Verlangsamung hinter den Augen,
dickflüssig wie kalter Aquavit strömt Angst

durch die Nervenbahnen, grauen, voll, nicht,
Commander, ich … – Nehmen Sie, Kryo-
pause, Navigator! (icht, Wicht). Sie können

jetzt nicht nach Hause, (vor) (sicht) (nach)
(sicht), wo zu Hause war, (bricht), ist nichts
mehr! Kopf hoch, Navigator! – Die Pflan-

zen, Commander, mu-tier-en schon! – Ja, sie
sind schlau, sie passen sich an. Und Sie? –
Jawohl, Sir! (icht) (Wicht) (Pflicht) …

## Auf der Straße nach Realito

wortverseuchte   bildvermüllte Wüsten
meiden   ist kein Weg   es geht
mitten ins Herz der Wirklichkeit

die Wirklichkeit ist ein Cowboyhut aus Beton
sagte das Maultier

im Trümmerfeld einer gefährlichen Landschaft
lässig bleiben höflich

den Finger nicht gleich am Abzug

Nichtabschotter bleiben
ohne zu leiden
das ist die Kunst

leichter werden die Disziplin

müde trottet das Maultier durch den Staub
Warte winkt am Wegesrand

Langsamkeit genießen

Realito scheint ferner   je näher Du kommst
und doch … und doch …

### Stardust Memories

Bereichert in den Erdkreislauf einzutreten
ist Wunschvorstellung, denn es hieße: schneller
Tod, am liebsten natürlich zack und weg, vom
Fahrrad gesenst, doch hat das seine Nachteile,
denn nie wird man es erfahren oder schwebt
die Seele noch eine Weile über dem leblosen
Körper und sagt tschüß to everybody. Nein.
Beim Kurzschluss glüht auch nichts nach,
oder? Drei Wochen vor dem Ende mit Wissen
darum und Opiaten wäre ideal, zum Abschied
nehmen, du hast es nicht in der Hand.

Doch der Übergang von hierhin nach dorthin,
das Flackern der Lichter, der Ausfall
der Fakultäten, das Schwinden der Farben
und das Versagen der Notstromaggregate ...
Auflösung des Bewusstseins ...
wohin geht die Reise ... ausgeknipst ...
auf dem Weg ... in fließender Welt

## Alter Mann im Winterpark

Unter der Mütze den Himmel,
In der Milz den Möwenflug,
Pfützeneis in der Hosentasche
Und Schimmel im rechten Schuh,

Ein Winterlicht im Kniegelenk,
Das locker die Leere trägt,
Steht er wie eine Kiefer,
Bald zu Brettern zersägt.

**Kürbishütte Pumphut**
*gewidmet den Barockpoeten von Königsberg*


Walter die Schnee träumt Aschenbrödel
fährt in Kürbiskutsche zum Ball
im Kopf des Kutschers Simon Dachs
wächst *pompoen* (nl.) direkt neben
Erdäpfeln der puckligen Verwandschaft
die alles auf Pump kauft und den
HerrGOtt einen guten Mann sein lässt
weil Pumphut ein schlesischer Magier
in Handwerkskluft Zaubersprüche
in meine Haut ritzt im Erdrauch
*courge courge potiron poeterey opitii*


Herbern, 22.3.2020

# Kurzbiographien

**Bianca Boer**, geb. 1976, lebt in Rotterdam. Sie ist Schriftstellerin und Dichterin. Letzte Veröffentlichung in Deutschland: *Auch das ist Geschichte. Ein poetischer Dialog in Briefen,* Aisthesis Verlag 2018 (zusammen mit Katharina Bauer und Ellen Widmaier). Ihr Roman »Draaidagen« (Drehtage, Atlas Contact 2019), steht auf der Shortlist des Hebban Debut Price 2020.

**Jürgen Brôcan**, geb. 1965 in Göttingen, lebt seit 2003 in Dortmund. Lyriker, Essayist, Kritiker, Übersetzer (engl., frz., altgriechisch) und Herausgeber. Zahlreiche Stipendien und Preise, u.a. Literaturpreis Ruhr 2016. Er hat soeben Gedichtband Nr. 7, *Ritzelwellen*, abgeschlossen (Aphaia Verlag, München 2020) und arbeitet am Folgeband, *Atemfrequenzen.*

**Tsead Bruinja**, geb. 1974 in Ringsumageest, wohnhaft in Amsterdam. Debütierte im Jahr 2000 mit einem Gedichtband in friesischer Sprache. Seitdem erschienen zahlreiche Gedichtbände in niederländischer und friesischer Sprache, 2017 auf Deutsch in der Edition Virgines *spezialist auf dem gebiet von fensterrahmen* (in Übersetzungen u.a. von Ralf Thenior).

**Bela Chekurishvili**, geb. 1974 in Gurjaani, hat georgische Sprache und Literatur an der Universität Tbilissi studiert. Langjährige Tätigkeit als Kulturjournalistin und Lehrerin. Sie ist Doktorandin für Komparatistik an der Universität Tbilisi und studiert zur Zeit an der Universität Bonn. Im Verlag Wunderhorn erschienen in der Übersetzung von Norbert Hummelt die Gedichtbände *Wir, die Apfelbäume* (2016) und *Barfuß* (2018).

**Gisela Hemau**, geb. 1938, lebt in Bonn. Sie studierte in München, Mainz und Würzburg deutsche und englische Literatur- und Sprachwissenschaften und wirkte als Hörspiellektorin beim Westdeutschen Rundfunk.

Sie legte sechs Gedichtbände vor, zuletzt: *Auf der Rückseite der Augen. Gedichte und Prosaminiaturen*, Würzburg 2020.

**Klára Hůrková**, geb. 1962 in Prag, lebt in Aachen. Studium der Philosophie in Prag und der Anglistik und Kunstgeschichte in Aachen und Norwich. Promotion. Autorin, Lehrerin, Übersetzerin, Herausgeberin. Zwölf Gedichtbände, zuletzt *Licht in der Manteltasche*, chili verlag, Verl 2020. Mehrere Preise, zuletzt POSTPOETRY NRW 2018. Mitglied im Tschechischen Zentrum des internationalen P.E.N. Klubs.

**Sibylle Klefinghaus**, geb. 1949 in Lüdenscheid/Sauerland, wohnt in Werenzhain/Brandenburg. Letzte Einzelpublikationen: *der augenschule blau*, Lyrik Edition 2000, Allitera Verlag 2015, und *leben ist schon genug aber merkt das noch wer?*, Poesiereihe Spatzen, Blaubuchverlag 2019.

**Barbara Maria Kloos**, geb. 1958 in Darmstadt, studierte Literatur- und Theaterwissenschaft in München, lebt als freie Schriftstellerin in Köln. Zahlreiche Auslandsaufenthalte, mehrere Lyrikbände. Zuletzt erschien ihr Gedichtwerk *Fossile Infanten* im poetenladen, Leipzig 2017. Für ihre Verse erhielt sie u.a. den österreichischen Christine-Lavant-Preis.

**Heidi Koren**, geb. 1975, debütierte 2015 mit der Gedichtsammlung *Gedachten over een mogelijk einde* (Gedanken über ein mögliches Ende). 2019 erschien der Roman *Hawai 2000*. Im Frühjahr 2020 erschien die Gedichtsammlung *Wie dit leest is gek* (Wer dies liest ist verrückt). Koren lebt in Nimwegen mit ihrer Tochter und einem Hund.

**Ivette Vivien Kunkel**, geb. 1979 in Dortmund, wohn- und lebhaft ebenda. Seit 1997 Lesungen u.a. in NYC, Vancouver, Wien, Hamburg. Veröffentlichungen in Literaturmagazinen, in Junge Welt, TAZ und Die Welt. 2009 Stipendiatin des Klagenfurter Literaturkurses, 2010 Stadtschreiberin in Otterndorf. Seit 2014 freie Mitarbeit beim Literaturhaus Dortmund.

**Arnold Maxwill**, geb. 1984 am Niederrhein, lebt und arbeitet in Dortmund. Studium der Philosophie, Germanistik, Kunstgeschichte. Für seine Gedichte erhielt er den GWK-Förderpreis für Literatur, Feldkircher Lyrikpreis, Lyrikpreis München. 2019 erschienen die Bände *Raumsch*, *KW* und *Noir*. Photo: © by Kalle Gajewsky

**Jutta Richter**, geb. 1955, veröffentlichte noch als Schülerin ihr erstes Buch. Sie studierte Theologie und Germanistik und lebt als freie Autorin im Münsterland. Neben zahlreichen anderen Auszeichnungen erhielt sie den Deutschen Jugendliteraturpreis. Im Herbst 2020 erscheint der dritte Teil ihrer Frau Wolle-Trilogie.

**Sabine Schiffner**, geb. 1965 in Bremen, studierte Theaterwissenschaften in Köln. Veröffentlicht seit 1992 Gedichte und Romane, hat dafür Preise und Stipendien erhalten, u.a. den Jürgen-Ponto-Preis der Dresdner Bank und die Ehrengabe de Schillerstiftung. Zuletzt erschien: *Super ach*, Lyrikedition Rheinland, 2018.

**Tzveta Sofronieva**, geb. 1963, deutsche Dichterin, Essayistin und Prosaautorin bulgarischer Herkunft. Ihre Kindheit verbrachte sie in Sofia. Nach einem Diplom in Physik promovierte sie 1991 über kulturelle Einflüsse auf den Wissenstransfer und nahm an 1992 an einer Masterclass von Joseph Brodsky teil. Sie publiziert seit den 1980er Jahren Gedichte, Essays, Theatertexte, Erzählungen, Nachdichtungen und kulturwiss. Artikel. Jüngste Gedichte: *Multiverse* (2020) Photo: © by Sophia Alexandra

**Ralf Thenior**, geb. 1945 in Bad Kudowa (Kudowa Sdrój). Lebt als Dichter, Kleingärtner und Nachtbotaniker in Dortmund. Organisator des kleinsten Poesiefestivals der Welt. Reist seit einem Vierteljahrhundert in Osteuropa. Zahlreiche Veröffentlichungen. Zuletzt: *Nachrichten aus dem Dreistromland*, zus. mit Jürgen Brôcan und Arnold Maxwill, edition offenes feld, Dortmund 2019. Photo: © by Kalle Gajewsky

**edition offenes feld**
hrsg. von Jürgen Brôcan
in Zusammenarbeit mit Offenes Feld e.V.


**Bengt Emil Johnson:**
Das Fest der Wörter. Aus dem Sumpf.
Aus dem Schwedischen übersetzt von Lukas Dettwiler
116 S., ISBN 9783739215457

**Ranjit Hoskote:**
Feldnotizen des Magiers. Gedichte
Aus dem Englischen übertragen von Jürgen Brôcan
124 S., ISBN 9783739215419

**Hans Børli:**
Der Wind schaut nicht auf die Wegweiser. Gedichte
Aus dem Norwegischen übersetzt von Klaus Anders
100 S., ISBN 9783739215440

**Klaus Anders:**
Ätna. 35 Ansichten. Gedichte
76 S., ISBN 9783738659498

**Carsten Zimmermann:**
Nichts geschieht. Roman
160 S., ISBN 9783839115251

**Bianca Döring:**
Flieg, mein elektrischer Fisch. Prosa
144 S., ISBN 9783842334489

**Arundhathi Subramaniam:**
Die Stadt brandete gegen mich. Gedichte
Aus dem Englischen übersetzt von Jürgen Brôcan
80 S., ISBN 9783842336711

**Kjartan Hatløy:**
Die Lippen verlangen nach Ocker. Gedichte
Aus dem Norwegischen übersetzt von Klaus Anders
108 S., ISBN 9783739213989

/

**Angelica Seithe:**
Im Schatten der Äpfel. Ausgewählte Gedichte
112 S.. ISBN 9783741238505

**Mathias Jeschke:**
Luftstudien. Gedichte
84 S., ISBN 9783739232010

**Matthias Buth:**
Paris regnet. Neue Gedichte
132 S., ISBN 9783741290923

**Ulrike Bail:**
sterbezettel. Gedichte
80 S., ISBN 9783741290381

**Jürgen Kross:**
inland. Gedichte
108 S., ISBN 9783741282638

**Thomas J. Wehlim:**
Zweierlei Krieg. Roman
192 S., ISBN 9783743179110

**Timo Brandt:**
Enterhilfe fürs Universum. Gedichte
104 S., ISBN 9783743192287

**Spoon Jackson:**
Felsentauben erwachen auf Zellenblock 8. Gedichte und Prosa
Aus dem Englischen übersetzt von Rainer Komers
108 S., ISBN 9783744820028

**Zhou Bangyan:**
Lieder
Aus dem Chinesischen übersetzt von Raffael Keller
72 S., ISBN 9783743160248

**Moya Cannon:**
A Private Country | Ein privates Land. Gedichte
Aus dem Englischen übersetzt von Eva Bourke und Eric Giebel
152 S., ISBN 9783744875233

**Göran Tunström:**
Unsere Insel – Unsere Zeit im Meer. Gedichte
Aus dem Schwedischen übersetzt von Lukas Dettwiler
112 S., ISBN 9783744874700

**Bettina Klix:**
Berliner Suchbilder. Kurzprosa
104 S,. ISBN 9783744820400

**Michael Girke:**
Geisterbahn. Wanderungen in Filmen und Büchern
188 S., ISBN 9783746000602

**Frank Schmitter:**
Der wille ist ein weithin überschätzter körperteil. Gedichte
80 S., ISBN 9783746059471

**Rainer Komers:**
Worte Fliege Agfa. Ausgewählte Gedichte 1998-2018
124 S., ISBN 9783752866094

**Karsten Redmann:**
An einem dieser Tage. Erzählungen
204 S., ISBN 9783748167655

**Jürgen Brôcan, Arnold Maxwill, Ralf Thenior:**
Nachrichten aus dem Dreistromland
204 S., ISBN 9783732278114

**Ursula Maria Wartmann:**
Der Bourbon des Grafikers. Gesammelte Erzählungen
224 S., ISBN 9783749487035

**Şafak Sarıçiçek:**
Kometen Kometen. Gedichte
72 S., ISBN 9783749495672

**Safak Sarıçiçek:**
Jamsids Spiegelkelch. Gedichte
80 S., ISBN 9783750418400

**Frank Schmitter:**
Das bezahlbare unglück der kleinfamilien im urlaub. Gedichte
72 S., ISBN 9783748119968

**Jürgen Brôcan:**
Ortskenntnis. Gedichte 1994 – 2006. Vollständig revidierte Ausgabe
160 S., ISBN 9783750437265

**Angelica Seithe:**
Solange wir bleiben im Licht. Neue Gedichte
104 S., ISBN 9783752813517

**Johannes Beringer:**
Minoritäre Filme. Die eigenen Angelegenheiten
196 S., ISBN 9783750408135

**Bettina Klix:**
Träume Tricks Trümmer Tränen. Notizen zu Filmen und Bildern
144 S., ISBN 9783750429857

**Ursula Maria Wartmann:**
Gegen acht im Park. Gedichte
68 S., ISBN 9783750459960

**Enthüllung! Joannes: Die Apokalypse**
Aus dem Altgriechischen übersetzt von Jürgen Brôcan
84 S., ISBN 9783751914581

**Armin Steigenberger:**
das ist der abgesägte lauf der welt. Gedichte und Geisterspiele
164 S., ISBN 9783751950749

**Johanna Hansen:**
zugluft der stille / schneeminiaturen. Gedichte
96 S., ISBN 9783751934381

**Matthias Engels:**
Wir alle strahlen. Neue Gedichte
68 S. ISBN 9783751952613

**Alexandra Bernhardt:**
Weiße Salamander. Gedichte
86 S., ISBN 9783750493353

**Timo Brandt:**
nicht die Hymnen, die ihr sucht. Gedichte
136 S., ISBN 9783750494435

**Thomas Josef Wehlim:**
Der längste Weg. Roman
248 S., ISBN 9783750408199

**Heimito Nollé:**
Defizitate. Zweihundert Aphorismen
76 S., ISBN 9783750408235

**Frank Schmitter:**
Ein überflüssiger Mann. Novelle
144 S., ISBN 9783750497849

## Impressum

Herausgegeben von Offenes Feld e.V., Herford
Redaktion: Ralf Thenior
Beirat: Jürgen Brôcan
Mitarbeit: Kerstin Zimmermann
Layout: Studio Z16, Dortmund
Coverillustration: Nach dem Titelblatt von
Heinrich Albert, »Musicalische Kürbs=Hütte« (Königsberg 1645)


Weitere Informationen und Bestellmöglichkeiten:


www.offenesfeld.de


Diese Ausgabe erscheint mit freundlicher Unterstützung
des Literaturhauses Dortmund

**literaturhaus.**dortmund


Sonderheft Nr. 1
August 2020


Herstellung und Verlag: BoD — Books on Demand, Norderstedt
Printed in Germany
ISBN: 9783751968119